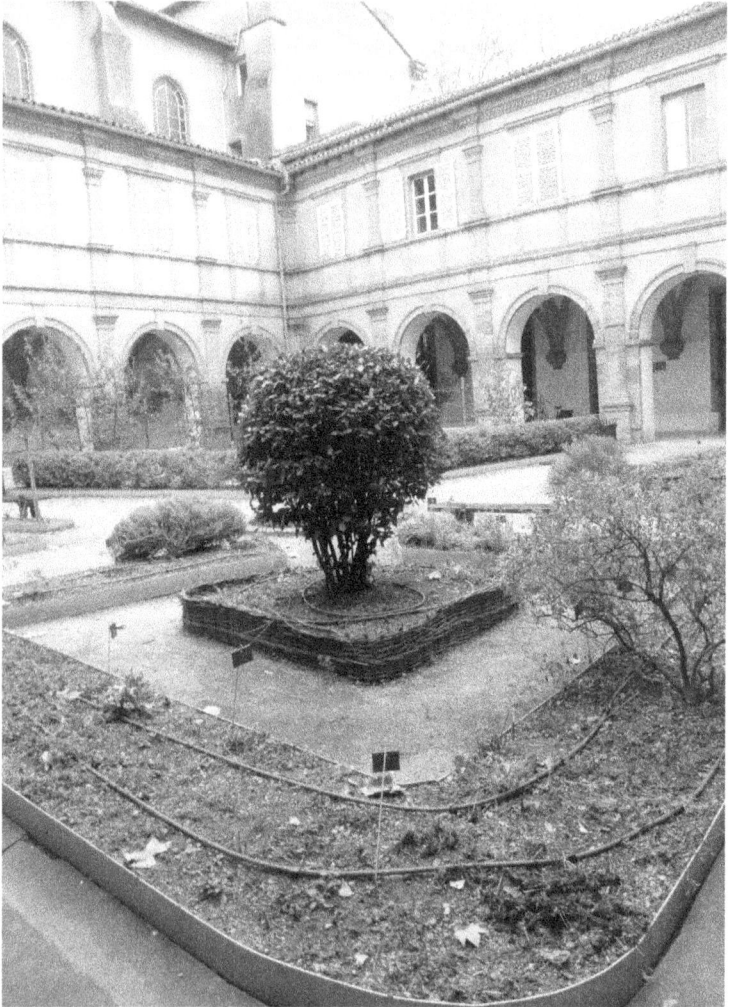

Le pilon,
ce que nous en savons

Des millions de livres détruits
sur ordre des éditeurs

Du même auteur

Le livre en papier : 25 000 points de vente inaccessibles aux auteurs indépendants. Un système à soutenir ?

99 centimes l'ebook, un nouveau modèle économique

Les livres numériques achetés aujourd'hui, vous ne pourrez plus les lire dans dix ans ?

François Fillon, le Premier ministre de la loi contre les oeuvres indisponibles du vingtième siècle, figure parmi les livres indisponibles en numérique !

http://www.ecrivain.li

Thomas de Terneuve

Le pilon,
ce que nous en savons

**Des millions de livres détruits
sur ordre des éditeurs**

Collection Précisions
Jean-Luc Petit éditeur

Thomas de Terneuve

http://www.**ecrivain**.li

Le pilon, ce que nous en savons

Des millions de livres détruits sur ordre des éditeurs

Bx Jᴺᵍᴸ
PERBOYRE
P.P.N

Le pilon, ce que nous en savons

Des millions de livres détruits sur ordre des éditeurs

Présentation générale

L'économie du livre papier génère un immense gâchis : environ cent millions d'exemplaires finissent chaque année au pilon, sur ordre des éditeurs, au grand désappointement des écrivains. Dans les économies liées au passage à l'édition numérique, *bizarrement*, les éditeurs préfèrent ne pas aborder le dossier pilon. Certes, parler des invendus, ça ne se fait pas ! Pilonner : terme traditionnel pour signifier la destruction d'un livre invendu. Quand environ un cinquième d'une production doit être détruit, tout organisme devrait chercher des solutions et pourtant « *le pilon, ce n'est ni négatif ni scandaleux. C'est au contraire un régulateur nécessaire du secteur* », selon le Syndicat National de l'Edition.
Peu d'informations sur cette pratique. Un sujet tabou ?
Pour le premier ebook de la nouvelle collection « précisions » http://www.99cents.fr, Thomas de Terneuve met les pieds dans le pilon...

Décembre 2013 : proposer ce livre en papier est devenu possible. Un livre prémuni contre le pilon : jamais son éditeur ne détruira les « invendus. » En même temps, les livres à 99 centimes sont boudés en France, associés à de la mauvaise qualité... Ainsi ce livre numérique s'est peu vendu à ce prix cadeau. Ainsi, après révision et mise à disposition en papier, augmentation !

Disons donc qu'il s'est agi d'une offre promotionnelle en numérique ! Naturellement, le prix de vente restera décent...

La collection "précisions"

Des livres m'ont persuadé de lancer une collection "précisions" : quand une partie pourrait constituer un "mini ebook", idée sûrement née de la certitude que ce sujet peu traité ailleurs doit générer des recherches ou nécessiterait une information facilement disponible. Publier, c'est aussi rendre visibles des points essentiels que les installés préfèrent ne pas porter à la connaissance du grand public. Il s'agit de domaines pour lesquelles la production d'un livre papier ne saurait être envisagée, tant le lectorat potentiel semble mince. De plus, la faible pagination exige un prix bas.

Naturellement, des opportunistes n'hésitent pas à essayer de faire du fric avec des documents de quelques milliers de signes, parfois même en compulsant des informations "libres de droits", vendus à un prix exorbitant. Les rapaces se jettent aussi sur ce nouvel univers impitoyable du contenu pour liseuses et tablettes !

Un sujet précis, une étude rigoureuse, dont une partie fut déjà publiée chez le même éditeur (si l'idée de départ consistait à extraire des données des précédentes publications, l'expérience montre que chaque bouquin répond à sa propre logique, nécessite un approfondissement, l'ajout de pages inédites), et un tarif symbolique : 99 centimes d'euro. Dix titres sont ainsi programmés pour 2012, un éclairage de l'édition française. Signés Thomas de Terneuve, le nouveau pseudonyme d'un écrivain engagé dans la révolution numérique depuis quelques années...

Un site est "naturellement" né avec cette collection, portail des ebooks francophones à 99 centimes : http://www.99cents.fr

Quand des livres édités deviennent indisponibles

Un éditeur retient un livre au grand plaisir de l'auteur. Et finalement il ne se vend pas comme espéré. L'éditeur pourrait attendre, lui laisser quelques mois, pourquoi pas quelques années mais il préfère détruire les invendus, les envoyer au pilon. Les librairies ne sont pas extensibles et les vieux livres doivent laisser la place aux nouveaux... La rotation du stock est rapide, impitoyable. Ainsi, un livre, dans le système de l'édition classique, ne bénéficie que de quelques semaines pour "trouver son public."

Autre cas aboutissant à l'indisponibilité du livre : l'éditeur ne commande pas de réimpression après leur épuisement... parce qu'il ne croit pas à la rentabilité d'un nouveau tirage.

Le site sur le sujet des livres devenus indisponibles :
http://www.livresdisponibles.com

Pilon total : contrat d'édition rompu

Si vos livres ont fini au pilon… vous pouvez vous servir de l'attestation de mise à pilon (qu'a dû vous remettre l'éditeur pour ne pas payer de droits d'auteurs sur les livres fabriqués) pour récupérer vos droits d'édition papier. L'article L. 132-17 du *Code de la Propriété Intellectuelle* dispose que « *le contrat d'édition prend fin, indépendamment des cas prévus par le droit commun, lorsque l'éditeur procède à la destruction totale des exemplaires.* »
Le contrat d'édition, le plus souvent, spécifie que l'éditeur doit informer l'auteur avant tout pilonnage.

Article L132-12
« L'éditeur est tenu d'assurer à l'oeuvre une exploitation permanente et suivie et une diffusion commerciale, conformément aux usages de la profession. »

Article L132-17
« Le contrat d'édition prend fin, indépendamment des cas prévus par le droit commun ou par les articles précédents, lorsque l'éditeur procède à la destruction totale des exemplaires.
La résiliation a lieu de plein droit

lorsque, sur mise en demeure de l'auteur lui impartissant un délai convenable, l'éditeur n'a pas procédé à la publication de l'oeuvre ou, en cas d'épuisement, à sa réédition.

L'édition est considérée comme épuisée si deux demandes de livraisons d'exemplaires adressées à l'éditeur ne sont pas satisfaites dans les trois mois.

En cas de mort de l'auteur, si l'oeuvre est inachevée, le contrat est résolu en ce qui concerne la partie de l'oeuvre non terminée, sauf accord entre l'éditeur et les ayants droit de l'auteur. »

Pilon partiel : ou comment l'éditeur garde le contrat d'édition avec un service à minima

Il existe un "Code des usages littérature générale", signé le 5 juin 1981 entre le Syndicat National de l'Edition et le "Conseil Permanent des Ecrivains" (organisme dont la représentativité ne me semble guère suffisante pour s'exprimer au nom des écrivains, mais néanmoins reconnu... par ses partenaires), spécifiant : *"L'éditeur est tenu d'informer l'auteur de tout pilonnage important et de tenir à sa disposition, une fois l'opération réalisée, un certificat de pilonnage attestant de la destruction effective des exemplaires en stock."*

Mercredi 2 novembre 2011, à l'occasion de *"24 heures autour du livre"*, sur *France-Culture*, une belle interview confidence de Laurent Laffont, directeur éditorial de la maison JC Lattès (du groupe Hachette Livre) au sujet du pilon :
« Pourquoi on le fait, d'abord ? Parce que le livre est entre guillemets MORT, il n'a plus de sortie, plus personne ne le demande, pour la plupart. On ne peut pas le donner, parce que c'est ça le problème du don aujourd'hui : si vous donnez tout cela à des librairies, les gens auront pris l'habitude du don, c'est peut-être un peu terrible à dire, mais on casserait peut-être trop le marché en faisant ça. Et donc on décide de ne pas avoir des stocks immobiles

dans des endroits, tout ça, et donc c'est à ce moment-là que l'on décide de pilonner un stock trop abondant. *Ce que les éditeurs font de plus en plus souvent maintenant c'est ce que l'on appelle le pilon partiel, parce que soudain on a mal calculé, le livre s'est moins bien vendu que ce que l'on espérait, donc il peut nous rester trois quatre mille exemplaires d'un livre dont on vend 50 à 100 exemplaires par an, donc on en pilonne une partie. Mais le livre continue à vivre. Sinon y'a le pilon total mais à partir du moment où un éditeur pilonne totalement un livre, les droits d'auteurs sont reversés, du moins rapatriés, à l'auteur lui-même qui peut s'il le souhaite trouver un autre éditeur ou d'autres moyens.* »

http://www.franceculture.fr/2011-11-01-la-condamnation-au-pilon

Les « autres moyens », il pensait peut-être à l'auto-édition !

Il suffit d'une mise au pilon "partielle", même 90% du stock, pour ne pas devoir rendre à l'auteur ses droits d'édition au titre de l'article L132-17.

Les éditeurs semblent l'avoir compris... et avec l'impression à la demande, ils pourraient conserver les droits d'édition même sans stock : 95% au pilon, 5% stockés pour les rares demandes et après leur épuisement, le programme d'impression à la demande.

Il est intéressant, sur ce sujet, d'observer l'évolution du groupe Lagardère.

Le 15 septembre 2009, *Hachette Livre* et *Lightning Source* ont officialisé la création d'une co-entreprise d'impression à la demande en France : *Lightning Source France*, implantée dans le périmètre du Centre de Distribution du Livre de *Hachette Livre* à Maurepas, dans les Yvelines. *Lightning Source*, basé à La Vergne, dans le Tennessee aux Etats-Unis, est le leader mondial de l'impression à la demande,

Arnaud Nourry commentait en 2009 : « *Cette co-entreprise avec Lightning Source en France est stratégique dans la mesure où elle permettra à Hachette Livre de proposer à tous ses partenaires, quelle que soit leur taille, une technologie de pointe répondant à une de leurs préoccupations les plus constantes. Aucun livre intégrant ce programme ne sera plus jamais épuisé. L'expédition du livre suit de si près la réception de la commande que les délais de livraison sont les mêmes que si l'ouvrage était sorti du stock.* »

Arnaud Nourry le proclame : « *une technologie de pointe répondant à une de leurs préoccupations les plus constantes.* » Leur préoccupation constante étant ? Qu'aucun auteur ne puisse récupérer se droits pour auto-éditer ses oeuvres ? « ***Aucun livre intégrant ce programme ne sera plus jamais épuisé.*** » Un moyen de réunir ses collègues éditeurs autour du phare Hachette ! Néanmoins, si l'auteur a reçu un certificat de mise au pilon, l'alinéa 1 de l'article L132-17 n'a pas encore était abrogé « *le contrat d'édition prend fin, indépendamment des cas prévus par le droit commun ou par les articles précédents, lorsque l'éditeur procède à la destruction totale des exemplaires.* » La remise en disponibilité par l'impression numérique ne figure pas (encore ?) dans le CPI.

Hervé Gaymard, dans son rapport aux parlementaires du 18 janvier 2012, aborde le sujet... et semble même mettre en garde contre les risques pour l'auteur qui souhaite récupérer ses droits d'édition papier :

> « *Enfin, à l'initiative du rapporteur, la Commission a souhaité soulever la question de l'impression à la demande, en demandant aux organismes représentatifs des auteurs, des éditeurs, des libraires et des imprimeurs d'engager une concertation sur les questions économiques et juridiques relatives à l'impression des livres à la demande.*
>
> *L'impression à la demande est une technologie numérique qui permet l'impression, à qualité comparable, d'un exemplaire unique d'un livre numérisé, dans les heures qui suivent la réception de la commande du client. Offrant une qualité comparable à celle d'un livre « classique », ce livre coûte en moyenne 25 à 30 % de plus.*

L'impression à la demande intéresse à la fois les écrivains qui n'ont pas trouvé d'éditeurs, et plus généralement tous les lecteurs qui disposent d'un livre sous forme numérique mais souhaitent en obtenir une copie imprimée. Elle répond pour ces derniers à un souci de confort ou à des habitudes de lecture. Elle permet aux éditeurs de continuer à exploiter des livres épuisés sous forme imprimée et pourrait constituer une nouvelle opportunité de développement pour les librairies, qui pourraient proposer ce nouveau service.

Cette pratique est appelée à se développer, comme en témoigne l'accord conclu en mars dernier par la BnF et Hachette Livre, qui va permettre l'impression à la demande d'ouvrages présents sur Gallica. Cet accord concerne une première sélection de près de 15 000 ouvrages libres de droits, qui seront imprimés et commercialisés par Hachette Livre. Les exemplaires ainsi fabriqués seront livrés aux libraires dans les mêmes délais qu'un exemplaire prélevé sur stock. L'objectif est de vendre ces livres à des prix compris entre 12 et 15 euros pour un volume de taille moyenne.

Or, l'impression à la demande soulève de nombreuses questions, en particulier celles relatives à la nature des droits en jeu. Certains prétendent que l'impression à la demande constitue un simple accessoire du droit de reproduction sous forme imprimée. Pour autant, une telle analyse devrait en toute rigueur conduire à considérer qu'une oeuvre faisant l'objet d'une impression à la demande ne peut être considérée comme une œuvre épuisée, ce qui semble difficile à concevoir. En outre, l'impression à la demande d'œuvres orphelines non libres de droit, sans versement d'aucune rémunération ni de la part de l'imprimeur ni de celle du lecteur parait problématique. Enfin, l'intégrité de l'œuvre et, partant, le droit moral de l'auteur peuvent être mis à mal par d'éventuelles modifications apportées à l'œuvre originale. »

D'un côté le député qui sent bien toute l'injustice de trouver une astuce pour conserver des droits alors que durant des années, des décennies, l'éditeur a négligé l'oeuvre. De l'autre Arnaud Nourry et son « ***aucun livre intégrant ce programme ne sera plus jamais épuisé.*** »

Hé oui, les éditeurs vont défendre qu'une oeuvre bénéficiant d'une impression à la demande ne peut plus être considérée épuisée... donc l'auteur ne peut récupérer ses droits, même si l'oeuvre fut épuisée durant des décennies.

Le pilon et le numérique

Dans les économies liées au passage à l'édition numérique, *bizarrement*, les éditeurs préfèrent ne pas aborder le dossier pilon. Certes, parler des invendus, ça ne se fait pas ! Lapalissade : un ebook qui ne se vend pas, ne devient pas du papier à recycler ! Le pilon est même rarement dans l'actualité. Chaque année pourtant une centaine de millions de livres sont pilonnés, détruits. Pilonner : terme traditionnel pour signifier la destruction d'un livre invendu. En moyenne, 500 millions de livres sont imprimés chaque année en France dont 400 millions sont vendus et 100 millions détruits. Un scandale ? Fin du pilon : plus de 20% d'économie. Car naturellement, les coûts générés par le pilon sont supportés, par ricochet, par les écrivains, via des droits d'auteur très faibles.

Le pilon selon le SNE, Syndicat National de l'Edition

« *Le pilon, ce n'est ni négatif ni scandaleux. C'est au contraire un régulateur nécessaire du secteur.* »

Dans un article de *Libération* du 18 janvier 2005 « *On achève bien les bouquins* », Édouard Launet contrebalançait l'image négative du pilon, presque un tabou, avec cette merveilleuse citation.

Le passage : « *Si les éditeurs et distributeurs rechignent à parler du pilon, ce n'est pas seulement parce qu'ils en ignorent le fonctionnement. C'est aussi parce que ce monstrueux autodafé n'a pas bonne réputation. Ce serait, pense-t-on que l'on pense, un épouvantable gâchis doublé d'une insulte au vecteur le plus noble de la culture. Or pas du tout : «Le pilon, ce n'est ni négatif ni scandaleux. C'est au contraire un régulateur nécessaire du secteur», affirme-t-on au Syndicat national de l'édition (SNE).* »

Dans l'*Humanité* du 22 janvier 2005, Régine Deforges rebondissait sur le sujet, reprenait cet aphorisme pouvant être considéré comme du cynisme. La phase étant suffisamment parlante, elle la commentait d'un simple « *Voilà qui nous rassure.* »

23

Libération et le pilon

Libération du 18 janvier 2005 : « *On achève bien les bouquins* ».

Édouard Launet raconte sa visite à Villeneuve-le-Roi, à un énorme broyeur de livres qui dévore 80 % du rebut de la production nationale. « *110 millions de livres finissent chaque année déchiquetés au pilon. Un cinquième de la production française...* »

Article illustré de photos (non diffusées dans la version en ligne http://www.liberation.fr/grand-angle/0101515855-on-acheve-bien-les-bouquins) de piles de livres dévorés : « *grands rouleaux hérissés de marteaux pointus qui tournent inlassablement, explosant du papier dix heures par jour.* »

« *Quand la machine bleue a fait son office, la presse prend le relais. Elle compacte les fragments de pages et expulse des balles d'environ deux mètres cubes ceinturées de fil de fer. Ça se revend entre quinze et trois cent cinquante euros la tonne.* »

Chiffres 2003 fournis : 533 millions de livres sortis des presses des éditeurs de l'hexagone, 423 millions vendus, 110 millions au pilon.

« *Le pilon, pour les éditeurs parisiens, ce n'est qu'un mot. A Saint-Germain-des-Prés, où l'essence du métier est de déjeuner avec les auteurs, on ne sait pas grand-chose de la réalité industrielle, physique, du livre. Le pilon ? C'est une ligne sur les contrats. «Au bout de tant d'années (deux en général, ndlr), l'éditeur se réservera le droit de solder ou de* pilonner le stock d'invendus» (...) *Chez les distributeurs, vrais industriels du livre, le pilon c'est quand on sort les poubelles. Et c'est à peu près tous les jours. Soit qu'il faille faire de la place dans les entrepôts, soit qu'il faille éliminer des livres revenant «défraîchis» des librairies, trop coûteux à «rejaquetter». Il s'agit aussi de s'assurer - sous contrôle d'huissier - que ces livres surnuméraires seront bien détruits, et donc qu'ils n'alimenteront pas des circuits parallèles de revente. Car il ne suffit pas de se débarrasser des livres, il faut aussi les tuer. Alors on commande une benne.* »

Livres d'illustres inconnus ? Édouard Launet note des "vus au pilon", à côté des « *ouvrages sans intérêt, guides de cuisine ou de bricolage* » : *Arrêtez le monde, je veux descendre*, de Guy Bedos (Cherche-Midi), *Vivant !* de Gérard Depardieu (Plon), *Et puis encore... que sais-je ?* de Jean Amadou (Robert Laffont), *Bye-Bye Blondie* de Virginie Despentes (Grasset). Ce qu'il est convenu d'appeler de grands éditeurs. De grands et beaux livres ? De grands écrivains ?

L'humanité et le pilon

Dans l'*Humanité* du 22 janvier 2005, Régine Deforges rebondissait sur « *le cimetière des livres.* »

Naturellement, ses premières lignes dressent un état des lieux connu mais qu'il est bon de reprendre par un auteur installé autorisé :

« *Nous autres, écrivains, savons bien que la vie d'un livre est courte et que s'il ne trouve pas son public dans le mois qui suit sa sortie, il est condamné au pilon, c'est-à-dire à la destruction, pour laisser la place à d'autres. Quand on sait qu'un livre, pour ne parler que des romans, demande à son auteur entre deux et trois ans de travail quotidien, un mois pour le faire connaître, c'est peu. Quand on sait que, chaque année, l'édition française publie plus de cinq cents millions d'ouvrages dont plus de cent millions seront détruits, cela plonge l'écrivain dans un profond malaise.* »

Admirons le fatalisme du *nous autres, écrivains, savons bien...* Comme si cette dérive relevait d'une convention collective du gribouilleur.

Elle contrebalance immédiatement d'une vision très humaniste (nous sommes dans l'*Humanité* !), celle de millions de lecteurs potentiels, qui seraient ravis de recevoir ces livres, pour, naturellement, la balayer au nom des réalités : « *À cela, les éditeurs rétorquent qu'envoyer des livres dans les pays pauvres coûterait plus cher encore que de les stocker ;*

d'où la nécessité de les détruire. » Logique !
Tout est vraiment pour le mieux dans le
meilleur du Tout-Paris !

Puis elle s'intéresse à son microcosme :
« *Dans le milieu éditorial, on ne voit pas la
solution. "Publiez moins", disent les critiques
envahis, chaque jour, par les services de
presse des nouveautés.* »

Elle reprend la déclaration du Syndicat
National de l'Edition : « *Le pilon, ce n'est ni
négatif ni scandaleux. C'est au contraire un
régulateur nécessaire du secteur.* » Ah ! Si un
syndicat a dit, l'*Humanité* approuve !

Julien Green et le pilon

Vous croyez peut-être que le pilon concerne uniquement la production industrielle rédigée par des nègres pour des stars ?

En 1997, Julien Green envoie deux lettres recommandées chez Fayard (du groupe Hachette Livre), dénonce ses contrats et récuse son « agent général. » L'écrivain reproche à son éditeur un trop grand nombre d'exemplaires envoyés au pilon (et des tirages inférieurs au minimum fixé, 5 000).

Son fils adoptif poursuivra la procédure après sa mort en août 1998. Le 26 mai 1999, premier jugement : Fayard perd ses droits sur l'œuvre de Green (et condamnation à 100 000 francs de dommages et intérêts). L'éditeur interjette appel... et obtient gain de cause ! Le 20 décembre 2000, Jean-Éric Green est débouté de toutes ses demandes ! Son pourvoi en cassation ne donnera rien : notre juridiction suprême tranche définitivement, en 2001, en faveur de Fayard.

Jérôme Garcin et le pilon

Jérôme Garcin, dans le *Nouvel Observateur* du 21 septembre 2006, débute son édito par : « *C'est le grand tabou de l'édition française. Tout le monde sait qu'il existe mais personne n'ose en parler. Il faut imaginer une sorte de monstre du loch ness aux mâchoires gigantesques et à l'appétit inextinguible. Cet ogre masqué engloutit 100 millions de livres par an.* »
Son constat n'est qu'une simple chronique d'un roman intitulé « *le pilon* » de Paul Desalmand... « *il faut savoir que, sur les quelque 700 romans qui viennent de paraître, la majorité est promise à l'enfer du pilon.* »
Mais aucune proposition de réforme.

Essai cinématographique de Bruno Deniel-Laurent

"*On achève bien les livres*", un essai cinématographique, "film de création documentaire", 22', de Bruno Deniel-Laurent est toujours en post-production (juillet 2012 http://www.brunodeniellaurent.com/films.htm).

Mercredi 2 novembre 2011, à l'occasion de "*24 heures autour du livre*", sur France Culture, il était noté en cours de montage.
Bruno Deniel-Laurent a filmé le pilon de Vigneux-sur-Seine. « *Le pilon est un lieu secret où peu de monde pénètre. Chaque année des milliers d'écrivains voient leur livre pilonné, mais une extrême minorité a la curiosité d'assister à la mise au pilon concrète de leur œuvre.* ».

Les chiffres

Il n'existe aucun document fournissant les chiffres officiels du pilon. Même les sorties d'imprimeurs ne sont pas vraiment communiquées.

Les chiffres 2003 d'Édouard Launet : 533 millions de livres sortis des presses des éditeurs, 423 millions vendus, 110 millions au pilon.

Alors que centrenationaldulivre.fr présente pour 2003 une production de 55.302 titres (chiffre officiel car issu du dépôt légal), une production commercialisée de 44.145 nouveautés et nouvelles éditions (selon Electre, donc la commercialisation des éditeurs référencés par cet organisme qui refuse les indépendants) et un tirage moyen de 7792 exemplaires.

Avec ces chiffres, il n'est pas possible d'obtenir la production réelle en nombre d'exemplaires.

Le nombre d'exemplaires vendus : 388,4 millions d'exemplaires (hors fascicules, selon le SNE, enquête de branche 2003, échantillon ajusté sur 290 éditeurs)

Depuis, le nombre de titres est en croissance constante : 67.278 titres en 2010 (dépôt légal). La production commercialisée de nouveautés et nouvelles éditions monte à 63.052, et le tirage moyen à 7.937

exemplaires (en recul de 2,6% par rapport à 2009).
Le nombre d'exemplaires vendus : 439,6 millions hors fascicules.

En 2011, le dépôt légal a dépassé la barre des 70000 : 70109 titres mais les chiffres de ventes ne sont pas encore communiqués. Néanmoins, de 2003 à 2010, la hausse de 13% des exemplaires "officiellement" vendus est à rapprocher d'une hausse de 14% de la production commercialisée de nouveautés et nouvelles éditions et au tirage moyen stable (même en hausse de 1,8% alors que certains semblent vouloir convaincre l'opinion publique qu'il est en baisse !)

Il ne m'étonnerait pas que les sorties d'imprimeurs soient toujours supérieurs d'une centaine de millions d'exemplaires aux livres vendus et que ces tonnes de papier finissent toujours au pilon.

La solution contre le pilon existe pourtant

Parfois le monde de l'édition devrait regarder celui de la chanson ! Naturellement quant au développement du numérique mais aussi pour y trouver la solution contre le pilon. Une société de pressage (reproduction CD, DVD, cassettes, vinyle...) est autorisée à lancer la fabrication uniquement si elle a reçu l'autorisation SDRM (Société pour l'administration du droit de reproduction mécanique), envoyée uniquement après paiement des droits d'auteur. Environ 8% du prix de vente. La SDRM collecte ces sommes destinées aux ayants droit, reversées par la sacem.

S'inspirer et non copier ! Inutile de créer une société... SACEM-SDRM ingurgitent environ 20% des droits : il suffit d'un formulaire où l'auteur atteste avoir perçu ses droits pour X exemplaires. **Avec un tel procédé, les éditeurs hésiteraient à fabriquer des livres uniquement pour remplir tables et rayons.**

Oui, le producteur de musique verse les droits d'auteur avant de fabriquer le support, donc avant de vendre (les ventes par souscription sont marginales). Les éditeurs s'indigneront, hurleront que l'on veut tuer une activité « déjà sinistrée », qu'elle a besoin d'aides, de subventions, et non de cette « mauvaise chanson »...

Thomas de Terneuve

Thomas de Terneuve est né, à l'édition, en juillet 2012, avec l'idée d'une collection "précisions" dans l'aventure de l'indépendance littéraire enfin possible grâce aux ebooks. Terre-Neuve est une île, au large de la côte atlantique de l'Amérique du Nord, proche du territoire français de Saint-Pierre-et-Miquelon, mais appartenant à la province canadienne de Terre-Neuve-et-Labrador.

C'est à Terre-Neuve qu'arriva la première expédition viking, vers l'an 1000, accostage considéré comme le premier contact européen avec le Nouveau Monde, ce nouveau monde duquel nous parvient l'ebook.
Terre-Neuve fut aussi la toute première colonie britannique, vers 1497.

Peu de descendants français à Terre-Neuve mais il se parle encore "le français terre-neuvien", dialecte distinct des autres français du Canada.
Je ne suis pas né à Terre-neuve, je n'y ai même jamais marché.

Quant à Saint Thomas, il fut l'un des douze apôtres d'un certain Jésus, qui essaya de convaincre son époque. Ce nom signifie « jumeau » en araméen.
Saint Thomas ne croit que ce qu'il voit. Il refusa de croire en la résurrection du Jésus venu en son absence : *"Si je ne vois dans ses mains la marque des clous, et si je ne mets*

mon doigt dans la marque des clous, et si je ne mets ma main dans son côté, je ne croirai point." Lors de son passage suivant, Jésus lui aurait balancé : "*Parce que tu m'as vu, tu as cru. Heureux ceux qui n'ont pas vu, et qui ont cru !*"

Ce Thomas de Terneuve est plus que mon jumeau : une autre face du moi incertain. Je crois en la révolution numérique, j'y participe même. Certains n'y croiront qu'après l'avoir vue...

Vos observations

Vos observations, réactions, compléments d'informations, et même corrections : http://www.99cents.fr
Le portail des ebooks à 99 centimes d'euros.

Stéphane Ternoise

Stéphane Ternoise est né en 1968. Il publie depuis 1991. Il est depuis son premier livre éditeur indépendant.

Dès 2004, il a proposé des livres numériques, en PDF. Mais c'est en 2011 seulement que les ventes dématérialisées ont démarré. Son catalogue numérique (depuis mi 2011 distribué par Immateriel) a ainsi rapidement dépassé celui du papier, grâce à des essais, des livres de photos... tout en continuant la lente écriture dans les domaines du théâtre et du roman. Depuis octobre 2013, et son « identifiant fiscal aux États-Unis », son catalogue papier tend à rattraper celui en pixels.
http://www.livrepapier.com ou
http://www.livrepixels.com

Il convient donc de nouveau d'aborder l'auteur sous le biais de l'œuvre. Ainsi, pour vous y retrouver, http://www.ecrivain.pro essaye de fournir une vue globale. Et chaque domaine bénéficie de sites au nom approprié :
http://www.romancier.net
http://www.dramaturge.net
http://www.essayiste.net

http://www.lotois.fr

Vous pouvez légitimement vous demander pourquoi un auteur avec un tel

catalogue ne bénéficie d'aucune visibilité dans les médias traditionnels. L'écriture est une chose, se faire des amis utiles une autre !

Catalogue (le plus souvent en papier et numérique, parfois uniquement les pixels, le travail de mise en page papier demandant plus de temps que d'heures disponibles)

Romans : (http://www.romancier.net)
Le roman de la Révolution Numérique.
Ils ne sont pas intervenus (le livre des conséquences) également en version numérique sous le titre Peut-être un roman autobiographique
La Faute à Souchon ? *également en version numérique sous le titre* **Le roman du show-biz et de la sagesse (Même les dolmens se brisent)**
Liberté, j'ignorais tant de Toi également en version numérique sous le titre Libertés d'avant l'an 2000)
Viré, viré, viré, même viré du Rmi
Quand les familles sans toit sont entrées dans les maisons fermées

Théâtre : (http://www.theatre.wf)
Théâtre peut-être complet
La baguette magique et les philosophes
Quatre ou cinq femmes attendent la star
Avant les élections présidentielles
Les secrets de maître Pierre, notaire de campagne

Deux sœurs et un contrôle fiscal
Ça magouille aux assurances
Pourquoi est-il venu ?
Amour, sud et chansons
Blaise Pascal serait webmaster
Aventures d'écrivains régionaux
Trois femmes et un amour
La fille aux 200 doudous et autres pièces de théâtre pour enfants

« Révélations » sur « les apparitions d'Astaffort »
Jacques Brel / Francis Cabrel (les secrets de la
grotte Mariette)
Théâtre 7 femmes 7 comédiennes - Deux pièces
contemporaines
Théâtre pour femmes
Pièces de théâtre pour 8 femmes
Onze femmes et la star

Photos : (http://www.france.wf)
Montcuq, le village lotois
Cahors, des pierres et des hommes. *Photos et*
commentaires
Limogne-en-Quercy Calvignac la route des
dolmens et gariottes
Saint-Cirq-Lapopie, le plus beau village de
France ?
Saillac village du Lot
Limogne-en-Quercy cinq monuments historiques
cinq dolmens
Beauregard, Dolmens Gariottes Château de Marsa
et autres merveilles lotoises
Villeneuve-sur-Lot, des monuments historiques,
un salon du livre... -Photos, histoires et opinions
Henri Martin du musée Henri-Martin de Cahors -
Avec visite de Labastide-du-Vert et Saint-Cirq-
Lapopie sur les traces du peintre
L'église romane de Rouillac à Montcuq et sa
voisine oubliée, à découvrir - Les fresques de
Rouillac, Touffailles et Saint-Félix

Livres d'artiste (http://www.quercy.pro)
Quercy : l'harmonie du hasard - Livre d'artiste
100% numérique

Essais : **(** http://www.essayiste.net **)**
Le manifeste de l'auto-édition - Manifeste politico-littéraire pour la reconnaissance des écrivains indépendants et une saine concurrence entre les différentes formes d'édition
Écrivains, réveillez-vous ? - La loi 2012-287 du 1er mars 2012 et autres somnifères
Le livre numérique, fils de l'auto-édition
Aurélie Filippetti, Antoine Gallimard et les subventions contre l'auto-édition - Les coulisses de l'édition française révélées aux lectrices, lecteurs et jeunes écrivains
Le guide de l'auto-édition numérique en France (Publier et vendre des ebooks en autopublication)
Réponses à monsieur Frédéric Beigbeder au sujet du Livre Numérique (Écrivains= moutons tondus ?)
Comment devenir écrivain ? Être écrivain ? (Écrire est-ce un vrai métier ? Une vocation ? Quelle formation ?...)
Amour - état du sentiment et perspectives

Ebook de l'Amour
Copie privée, droit de prêt en bibliothèque : vous payez, nous ne touchons pas un centime - Quand la France organise la marginalisation des écrivains indépendants

Chansons : (http://www.parolier.info)
Chansons trop éloignées des normes industrielles
Chansons vertes et autres textes engagés
Chansons d'avant l'an 2000
Parodies de chansons
De Renaud à Cabrel En passant par Cloclo et Jacques Brel

En chti : (http://www.chti.es)
Canchons et cafougnettes (Ternoise chti)
Elle tiote aux deux chints doudous (théâtre)

Politique : (http://www.commentaire.info)
Ce François Hollande qui peut encore gagner le 6 mai 2012 ne le mérite pas (Un Parti Socialiste non réformé au pays du quinquennat déplorable de Nicolas Sarkozy)
Nicolas Sarkozy : sketchs et Parodies de chansons

Bernadette et Jacques Chirac vus du Lot - Chansons théâtre textes lotois
Affaire Ségolène Royal - Olivier Falorni Ce qu'il faut en retenir pour l'Histoire - Un écrivain engagé, un observateur indépendant
François Fillon, persuadé qu'il aurait battu François Hollande en 2012, qu'il le battra en 2017 (?)

Notre vie (http://www.morts.info)
La trahison des morts : les concessions à perpétuité discrètement récupérées - Cahors, à l'ombre des remparts médiévaux, les vieux morts doivent laisser la place aux jeunes...
Cahors : Adèle et Marie Borie contre Jean-Marc Vayssouze-Faure - Appel à une mobilisation locale et nationale pour sauver les soeurs Borie...

Jeux de société
http://www.lejeudespistescyclables.com
La France des pistes cyclables - Fabriquer un jeu de société pour enfants de 8 à 108 ans

Autres :
La disparition du père Noël et autres contes
J'écris aussi des sketchs
Vive les poules municipales... et les poulets municipaux - Réduire le volume des déchets alimentaires et manger des oeufs de qualité

Œuvres traduites :

La fille aux 200 doudous :
- *The Teddy (Bear) Whisperer* (Kate-Marie Glover) - Das Mädchen mit den 200 Schmusetieren (Jeanne Meurtin)
- Le lion l'autruche et le renard :
- How the fox got his cunning (Kate-Marie Glover)

- Mertilou prépare l'été :
- The Blackbird's Secret (Kate-Marie Glover)

- *La fille aux 200 doudous et autres pièces de théâtre pour enfants (les 6 pièces)*
- La niña de los 200 peluches y otras obras de teatro para niños (María del Carmen Pulido Cortijo)

Mentions légales

Site officiel : http://www.ecrivain.pro

ISBN 978-2-36541-487-6
EAN 9782365414876

Dépôt légal à la publication au format ebook du 11 juillet 2012.

Imprimé par CreateSpace, An Amazon.com Company pour le compte de l'auteur-éditeur indépendant.
livrepapier.com depuis décembre 2013

Le pilon, ce que nous en savons - Des millions de livres détruits sur ordre des éditeurs de Thomas de Terneuve (Stéphane Ternoise) © Jean-Luc PETIT - BP 17 - 46800 Montcuq France

www.ingramcontent.com/pod-product-compliance
Lightning Source LLC
Chambersburg PA
CBHW071423200326
41520CB00014B/3551